LEIDERSCHAP VERWERVEN

Tips om uw teamleden te motiveren en te inspireren

LEIDERSCHAP VERWERVEN

Tips om uw teamleden te motiveren en te inspireren

geschreven door Bertrand de Witte
vertaald door Nikki Claes

LEIDERSCHAP VERWERVEN

- **Het probleem?** Hoe word je een voorbeeldig leider?

- **Waarom is het nuttig?** Door u te bekwamen in leiderschap kunt u uw potentieel als leider van mensen volledig verwezenlijken en zo de motivatie van uw medewerkers versterken en grote doelstellingen bereiken.

- **Professionele context ?** Teambeheer, bedrijfsbeheer

- **FAQ ?**

  - Wat zijn de 12 essentiële kwaliteiten van een leider?

  - Kan een manager een leider worden?

  - Kan een leider een manager worden?

  - Hoe kan ik vertrouwen opbouwen in mijn team?

  - Hoe kan ik mijn rol als leider herstellen als er in mijn team machtsspelletjes zijn ontstaan?

  - Is het uitoefenen van leiderschap manipulatief?

  - Wat moet een leider doen in een organisatie waar leiderschap niet wordt gewaardeerd?

Leiderschap komt voor op vier belangrijke gebieden: particuliere bedrijven, verenigingen, politiek en het leger. Hier zullen we ons richten op leiderschap in het bedrijfsleven.

Leiderschap op de werkplek is een kwaliteit die sterk afhankelijk is van de cultuur van het bedrijf. Leiderschap wordt steeds meer gewaardeerd en is nu opgenomen in functiebeschrijvingen, jaarlijkse beoordelingen en opleidingsprogramma's. Veel bedrijven ontwikkelen leiderschap binnen hun managementteam. Ambitieuze werknemers proberen zelf hun invloed uit te oefenen. Leiderschap is een echte troef voor de teamleider of voor wie dat wil worden.

> *"Ik ben er niet om te zien wat mijn teams rapporteren en of ze goed werken. Ik ben er om ervoor te zorgen dat mensen hun missie hebben begrepen, in staat worden gesteld om te slagen, goed samenwerken en hun talenten kunnen ontwikkelen. Wij doen twee enquêtes per jaar om te zien of de managers people managers zijn en of de werknemers geïnspireerd en gemotiveerd blijven.*
>
> *Thierry Geerts – Country Manager – Google België-Luxemburg*

Om te voorkomen dat u fouten maakt die schadelijk kunnen zijn voor uw carrière, biedt dit boek u talrijke tips, geïllustreerd met getuigenissen van deskundigen en besluitvormers uit de meest uiteenlopende bedrijven. Gewapend met deze instrumenten kunt u uw beroepspraktijk verbeteren. Uw leiderschapsvaardigheden worden versterkt en u zult een gezonde en vooruitstrevende carrière kunnen opbouwen. Ze maken van jou een zelfverzekerde leider die gewaardeerd wordt door je (toekomstige) team.

In deze editie kijken we naar de belangrijkste concepten voor het begrijpen van leiderschap zoals dat tegenwoordig in het bedrijfsleven wordt gezien. U zult begrijpen hoe leiderschap een concurrentievoordeel is, en wat het verschil is tussen management en leiderschap. Vervolgens bekijken we wat een leider tot leider maakt en welke vaardigheden daarbij horen. Ten slotte zullen we zien dat er verschillende soorten leiders zijn en verschillende stijlen van leidinggeven en teammanagement.

De rest van het boek is gewijd aan het in praktijk brengen van deze elementen, via adviezen, een vraag-en-antwoordsessie en, ten slotte, de toepassing van een methode om je carrière een boost te geven door te evolueren van operationeel manager naar manager-leider.

DE GRONDBEGINSELEN VAN EEN INSPIREREND LEIDER

LEIDERSCHAP IN HET BEDRIJFSLEVEN

Leiderschap en management

De rollen van leider en manager worden vaak verward, dus een beetje opheldering is nodig. Het onderscheid tussen management en leiderschap is onder meer gemaakt door Abraham Zaleznik (1976) en John P. Kotter (1999). Wat zeggen deze twee auteurs?

* Management is het gebruik van autoriteit om middelen en beperkingen te beheren teneinde goederen of diensten te produceren. De manager zal dus gebruik maken van zijn formele gezag, een gezag dat hem door zijn hiërarchie is gegeven en door zijn functieomschrijving is bevestigd: hij heeft het vertrouwen van zijn superieuren gekregen om bepaalde taken uit te voeren. De manager beheert de complexiteit, organiseert en controleert. Hij vertaalt problemen in oplossingen. Hij plant en beheert zijn team op korte en middellange termijn. Hij is operationeel, in het functioneren. In zijn denken gebruikt de manager meestal vragen die beginnen met "Hoe?".

* Leiderschap daarentegen is het vermogen invloed uit te oefenen om doelstellingen te bereiken. Een leider is

in staat zijn of haar medewerkers te inspireren om zich achter een idee of project te scharen en hen te mobiliseren om de gestelde doelen te bereiken. Hij heeft een langetermijnvisie die hij deelt en waaromheen hij een team bouwt. De leider zoekt antwoorden op vragen die vaak beginnen met "Waarom?".

Leiderschap is dus meer emotioneel dan management. De leider motiveert zijn of haar werknemers door een gevoel van verbondenheid te creëren en door erkenning te tonen. Zij gaan ook handig om met verandering door met onzekerheid om te gaan. Zijn daden worden voorbeelden om na te volgen en inspireren zijn werknemers om in hem en in zichzelf te geloven. Hij vertaalt dingen met betekenis en consistentie. Hij zorgt ervoor dat mensen hem willen volgen omdat hij vertrouwen inboezemt.

De scheidslijn tussen manager en leider is echter nog vrij dun. Grote leiders verweven van nature hun management- en leiderschapsvaardigheden. Ze kunnen het ene niet van het andere scheiden.

> *"In plaats van de term 'leiderschap' verkies ik de term 'leiding geven', die de begrippen invloed, relatie, luisteren, gezag, vertrouwen, creativiteit, afstemming van acties en woorden, teamwerk, actie, beslissing en reflectie met elkaar verbindt."*
>
> *"Daarom heeft het segmenteren van de woorden door de leider van de manager te onderscheiden voor mij geen zin. Als commandant van een gevechtsschip dat gedurende vele*

Leiderschap en bedrijfscultuur

Iemand met een hoog niveau van leiderschap zal gedijen in een bedrijfscultuur die hem of haar alle ruimte geeft voor creativiteit.

Leiderschap kan nauwelijks worden uitgeoefend in een sterk getayloriseerde organisatie, waar het werk is verdeeld, de taken eenvoudig en repetitief zijn, en de werknemers onder toezicht staan van een leider met dwingende macht, binnen een sterk directief systeem. De beslissingsbevoegdheid is gecentraliseerd aan de top van de hiërarchie, waardoor er weinig ruimte is voor initiatief. Hoewel de lopende band symbool staat voor dit type bedrijf, maken veel managers nog steeds gebruik van het Taylorisme in hun werkmethoden, zowel in de industrie en de handel als in de administratie.

Start-ups daarentegen, zogenaamde agile of bevrijde bedrijven (Getz, 2012), ontwikkelen zich door rekening te houden met instabiliteit en snel innovatieve antwoorden te vinden. In dit type model waardeert de bedrijfscultuur initiatief en innovatie. Leiderschap is collaboratief, gedeeld in autonome teams die trouw zijn aan de waarden en het doel van de organisatie.

Natuurlijk is er tussen deze twee tegengestelde modellen de overgrote meerderheid van organisaties, waar leiderschap op verschillende manieren tot uiting komt. Het is dus in het belang van een leider om een plaats te vinden die hem of haar ruimte geeft voor actie en creativiteit.

Leiderschap als concurrentievoordeel

Beschikt u over technische en/of leidinggevende vaardigheden? Om verder te gaan, heb je ook leiderschap nodig.

In een veranderende wereld, waar aanpassing en innovatie een concurrentievoordeel – of overleving – betekenen, zijn bedrijven meer dan ooit op zoek naar persoonlijkheden die in staat zijn strategische veranderingen tot stand te brengen en te leiden. Vandaag de dag dwingen de globalisering en de nieuwe technologieën ons allen om onze bedrijfsmodellen op de een of andere manier te herzien. Verandering is onvermijdelijk geworden en de frequentie ervan wordt steeds regelmatiger. Om concurrerend te blijven is management niet genoeg. Organisaties, in de breedste zin van het woord, hebben mannen en vrouwen nodig met de creativiteit om met onzekerheid om te gaan, om hun middelen te mobiliseren en om zin te creëren in fasen van organisatorische transformatie en/of ongunstige economische omstandigheden.

 LEIDERSCHAP BIJ NESTLÉ

Geboren uit een innovatie in 1866 en door voortdurende aanpassing is Nestlé uitgegroeid tot de wereldleider in de voedingsindustrie, een bijzonder veranderlijke omgeving.

Sinds 1997 heeft Nestlé zijn "Management and Leadership Principles" gepubliceerd als een tastbare uitdrukking van zijn bedrijfscultuur, die door alle werknemers moet worden toegepast. De publicatie specificeert de waarden, leiderschapscriteria, principes en verbintenissen van het management van de Groep met betrekking tot leiderschap.

In het kort zijn de criteria: persoonlijke inzet, initiatief, aanmoediging, motivatie, nieuwsgierigheid, innovatie, aanpassing en interculturaliteit. De selectie van interne kandidaten voor hogere functies zou dus afhangen van de toepassing van deze criteria, maar ook van hun professionele vaardigheden, praktische ervaring en vastberadenheid om resultaten te bereiken.

Voortdurend leren stelt personen in staat te groeien en zich te ontwikkelen volgens hun vakgebied en persoonlijke vaardigheden. Nestlé moedigt werknemers op alle niveaus aan bij te dragen aan de ontwikkeling van het bedrijf door "verbeteringen aan te brengen die

BENT U EEN ASPIRANT-LEIDER?

Een echte leider is te herkennen aan vier componenten: zijn of haar rol in een groep; zijn of haar visie; zijn of haar uitstraling; en zijn of haar vaardigheden en talenten.

Rol in een groep

Als leider neem je natuurlijk de *leiding*, d.w.z. je leidt de groep. Je bent in staat de groep te animeren terwijl je vernieuwing introduceert. Op dezelfde manier kun je zowel gevestigde en gebruikelijke elementen herstructureren als nieuwe composities zodanig dat ze zo legitiem mogelijk worden. Uw doel is hier de groepsleden te betrekken bij een veranderingsproces en hen gerust te stellen. U vergemakkelijkt de overgang van een (soms gevestigde) comfortzone naar een noodzakelijk geachte nieuwe. Je zorgt ervoor dat de groep door het bos van boom naar boom gaat. En als er een val is, moedig je aan, totdat iedereen ervan overtuigd is dat het proces moet doorgaan.

Visie

Je toont leiderschap omdat er een crisis is, er een belangrijk doel te bereiken is of er iets is dat je wil overwinnen. Leiderschap wordt ontwikkeld in de uitdaging van een context. Je hebt de problemen geïdentificeerd, je bent bezorgd en je kunt het niet helpen: je voelt je gedwongen om je in te zetten. Gandhi, Luther King en Mandela zijn wereldberoemde leiders die een lange geweldloze strijd voerden tegen onrecht en racisme.

Aura

Je charisma is bekend in de organisatie. Stel uzelf de vraag over uw populariteit: wat zijn uw acties, uw onderscheidende elementen die hebben bijgedragen aan het creëren van uw reputatie? Elk moment en elk van uw bijzonderheden bouwen uw aura als leider. Je bent verbazingwekkend in je prestaties als in je gewoontes of in je tegenstellingen. Enkele illustere voorbeelden: de opeenvolgende veldslagen van Napoleon, het beroemde "Ik begrijp je" van Charles de Gaulle, de emblematische sigaren van Churchill en Fidel Castro. We kunnen allemaal een verhaal vertellen, een succesverhaal en de bijzonderheden identificeren van een grote wereldberoemde leider en van een leider die we tegenkomen in de werkwereld, omdat zijn of haar aura indruk maakt.

Vaardigheden en talenten

Uw succes is onlosmakelijk verbonden met de demonstratie van uw capaciteiten. U wordt erkend als een begaafd persoon, als een bekwaam man of vrouw, ongeacht het gebied waarin deze bekwaamheid tot uiting komt. Je bent ook goed in het omringen van mensen met complementaire vaardigheden. Uw expertise inspireert de mensen om u heen en geeft u geloofwaardigheid. Vandaag kunnen we grote vernieuwers in nieuwe technologieën noemen: Steve Jobs (Apple), Larry Page

(Google), maar ook Richard Branson (Virgin Group), Ingvar Kamprad (Ikea), Taiichi Ōno (Toyota Production System), enz.

 ## PROFESSIONELE EN PERSOONLIJKE VAARDIGHEDEN

De leider moet professionele en persoonlijke vaardigheden combineren (Kouzes en Posner, 2012).

- Professionele vaardigheden

  - De leider wijst de weg, d.w.z. legt duidelijk het doel van de reis uit: er is een ideaal dat moet worden bereikt en waarden die moeten worden verdedigd.

  - De leider inspireert tot een gedeelde visie. De leider drukt zijn hoge aspiraties uit en beantwoordt de vraag "Wat willen we worden?".

  - De leider probeert de huidige situatie uit te leggen, de zaken op een gestructureerde manier te vertalen om zo de mogelijkheden te identificeren. Hij ontwikkelt een tactiek.

  - De leider ontwikkelt de voorwaarden voor succes. Hij moedigt aan. Altijd positief, hij is de coach die advies en vertrouwen geeft.

  - De leider helpt ook mee, vooral in moeilijke tijden. Hij legt uit dat alle taken nodig zijn om het doel te bereiken en maakt zelf ook zijn handen vuil om aan te moedigen. Voorbeeldigheid onderscheidt hem van volgelingen.

- Persoonlijke vaardigheden

  - De leider heeft macht, zowel over anderen, die hij of zij beïnvloedt, als over de organisatie, waarvan hij of zij een van de belangrijkste actoren is op het gebied van innovatie of personeelsbeheer.

  - Hij is authentiek omdat hij gelooft in wat hij doet. Bovendien wordt een leider die niet trouw is aan zijn waarden snel ontmaskerd en in diskrediet gebracht.

  - Hij is legitiem, omdat hij ervaring heeft.

  - Door zijn charisma begrijpt hij mensen, brengt ze samen, motiveert ze en beïnvloedt ze. Hij heeft een grote emotionele intelligentie.

DE VERSCHILLENDE SOORTEN LEIDERSCHAP

De acht archetypen van leiders (Kets de Vries, 2008)

Volgens Kets de Vries kan leiderschapsontwikkeling in acht richtingen gaan. Met deze typologie kunt u uw leiderschapsstijl situeren en uw sterke en zwakke punten identificeren. Deze verschillende oriëntaties zijn cumulatief, maar door de situaties in je leven zullen sommige dominanter zijn, andere ingetogener. Versterk je leiderschap door te werken aan je zwakke punten.

- **Leider-bouwer**: u bent de architect van een groot project, zelfs van een kolossaal plan. Een groot visionair, uw ambities kunnen de wereld veranderen (zelfs lokaal) door de verwachtingen van uw tijdgenoten te overtreffen. Uw visie, vaak humanistisch, is gebaseerd op waarden.

- **Sociaal leider**: uw doel is harmonie om u heen te creëren, mensen samen te brengen door ze aan u te koppelen. Je laat groepsleden samenwerken aan één of meer projecten; in tegenstelling tot de bouwleider werk je niet primair aan één project.

- **Communicatief leider**: zonder per se een meester in retoriek te zijn, drukt u zich uit en raakt u mensen. Je vindt het prettig om in het openbaar te spreken en je ideeën te verdedigen.

- **Strategisch leider**: U bent een strategisch leider wanneer u in staat bent verschillende methoden te bedenken die passen bij elke situatie, waarbij u uw doelstellingen bereikt ondanks acties die bedoeld zijn om uw plannen te verstoren. U bent in staat situaties te beïnvloeden en in uw voordeel om te buigen.

- **Katalysatorleider**: je toont leiderschap wanneer het je uitkomt; het is voor jou een pluspunt dat je extra ontwikkeling, prestaties en kracht kan brengen.

- **Innovatieve leider**: je moet creëren, het zit in je natuur. Je verkent, ontdekt, test, verbetert. Je beheerst de technische kant van de dingen. U barst van de creativiteit en droomt ervan erkend te worden als pionier.

- **Leider/manager**: uw vaardigheden op het gebied van operationeel beheer vormen een aanvulling op uw vermogen om uw creativiteit en emotionele intelligentie in te zetten.

* **Leider-coach**: u gelooft in de capaciteiten van ieder mens en probeert zijn potentieel te ontwikkelen.

Geleid leiderschap (Blake en Mouton, 1987)

Sommige mensen voelen zich meer op hun gemak bij het leiden van teams; anderen zijn meer productiegericht. Uit deze twee algemene oriëntaties kunnen vijf hoofdtypes van management worden afgeleid, met verschillende leiderschapsstijlen.

* **Autocraat**: Je hebt een hoge interesse in productie en een lage interesse in menselijke relaties. Je plant, controleert en stuurt met een focus op processen en doelstellingen. Je eist gehoorzaamheid en straft als regels niet worden opgevolgd.

* **Laissez-faire**: omdat u weinig belang hecht aan productie en weinig belang aan menselijke relaties, laat u de bevoegdheid om te handelen over aan de leden van uw team, waarbij u tevreden bent met de resultaten. Door zelfregulering gelooft u dat de groep met oplossingen zal komen. Je vermijdt verantwoordelijkheid en plukt de vruchten zonder verplichtingen. Uw managementstijl is bijna zonder leiderschap: u bent een soort anti-leider.

* **Sociaal**: je geeft voorrang aan het goed kunnen opschieten in de groep. Je bent niet overdreven bezig met productiviteit. U houdt niet van controle en doet

anderen liever een plezier door aan hun behoeften te voldoen.

- **Compromis** (tussen de twee assen van productiviteit en menselijke relaties): u onderhandelt om gemakkelijk te bereiken doelstellingen te verkrijgen en u handhaaft een zo gezond mogelijk sociaal klimaat door de voorkeur te geven aan motivatie boven het geven van bevelen.

- **Integrator**: je interesse in productie is even groot als je interesse in sociale relaties. U bent een allround leider omdat u, door een klimaat van vertrouwen te scheppen, een oprecht engagement bij uw team creëert om de gestelde doelen te bereiken. U stimuleert en betrekt uw team bij de besluitvorming op zowel operationeel als procescontrole niveau.

> *"Bij ING België is niet alleen het behalen van bedrijfsresultaten belangrijk. Alle werknemers, en ook alle managers, worden ook beoordeeld op de mate waarin zij deze resultaten bereiken, d.w.z. op hun vermogen om verantwoordelijk en autonoom te zijn, om samen te werken en hun collega's te helpen, en om een stap voor te zijn op het gebied van klantenservice.*
>
> *Om hun werknemers te inspireren deze bedrijfscultuur in de praktijk te brengen, is de rol van onze leiders cruciaal. Zij zijn een van de eerste vectoren van deze positieve dynamiek, omdat hun voorbeeldgedrag hun werknemers motiveert.*

Ik kom veel verschillende stijlen leiders tegen in de organisatie. Eén van de belangrijkste kwaliteiten voor mij is hun toewijding aan de ontwikkeling van de organisatie en niet aan de verwezenlijking van hun persoonlijke ambities; het vertrouwen en de autonomie die zij hun medewerkers bieden; hun vermogen om concreet te helpen en hun teams te ondersteunen in geval van moeilijkheden."

Catherine Dedobbeleer – Project Manager HR, Organizational Effectiveness – ING België

Een team naar autonomie leiden

Het prestatieniveau van uw groep hangt grotendeels af van uw leiderschapsstijl. De situationele leiderschapstheorie (Paul Hersey en Kenneth H. Blanchard, 1977) zal u helpen de juiste beslissingen te nemen op basis van contextuele variabelen. Uw leiderschapsstijl moet worden aangepast aan het volwassenheidsniveau van de persoon of de groep, zodat iedereen autonomie kan verwerven. Er zijn dus stadia in groepsvolwassenheid en in je leiderschap.

- **Richtlijn stijl**. Het eerste niveau. Je leidt door uit te leggen wat je moet doen en hoe je het moet doen. Je geeft middelen en feedback. Je spreekt in termen van organisatie, instructie en controle.

- **Overtuigende stijl**. Het vertrouwen en de communicatie zijn beter dan in het vorige geval. Je traint en overtuigt je team door informatie en argumenten te mobiliseren. Jouw verhalen leiden het team naar een doel. Je demonstreert, overtuigt en mobiliseert. Onthoud: er gaat niets boven bewijs om te overtuigen.

- **Participatieve stijl**. Zodra uw team op de hoogte is en klaar is om te mobiliseren, betrekt u hen bij acties en beslissingen. Door deze stap kun je je meer richten op de onderlinge relatie dan op sturing en controle. U werkt samen met het team en u zult met hen moeten onderhandelen over de verdeling van uw besluitvormingsverantwoordelijkheden. U komt in een fase waarin u uw team in staat stelt zelfstandig te werken. Je luistert, adviseert en onderhandelt.

- **Delegatieve stijl**. Je blijft je verantwoordelijkheden overdragen. Wederzijds vertrouwen wordt versterkt door positieve ervaringen. U geeft uw team de ruimte om op eigen initiatief te werken. Houd in de gaten wat je hebt doorgegeven en laat ze risico's nemen. Om leider te blijven, moeten uw teams niet volledig betrokken worden bij de (grote) beslissingen. Regelmatige hulp van u wordt echt gewaardeerd door uw teamleden. Als er moeilijkheden zijn, breek dan het vertrouwen niet en houd in gedachten dat je ook een deel van de verantwoordelijkheid hebt.

"Sinds de oprichting heb ik bijgedragen aan de uitbreiding van EXKI, eerst in Brussel, daarna in Parijs en nu in New York. Voor elke locatie was het mijn taak om snel een efficiënt team samen te stellen.

"In mijn ervaring heb ik kunnen zien dat het leiden van een team naar autonomie betekent

Leiderschap wordt ontwikkeld door ervaring. Leiderschap is niet aangeboren, het is aangeleerd. Managers die hun carrière willen uitbouwen, moeten hun leiderschaps-vaardigheden ontwikkelen.

TOP TIPS

- Werk aan je **emotionele intelligentie**: onderzoek jezelf om jezelf beter te leren kennen, je inspanningen beter te meten en je wensen beter uit te drukken; wees je volledig bewust van anderen, begrijp hen en verhoud je tot hen; beheers en ontdoe je van je impulsen en stemmingen die je rationaliteit verstoren (bijvoorbeeld, manipuleer de ander niet en straf niet in woede).

 EMOTIONELE INTELLIGENTIE

Emotionele intelligentie verwijst naar het vermogen om de eigen emoties en die van anderen waar te nemen, zich ervan bewust te zijn, ze te begrijpen en ze tot uiting te laten komen. Het wordt dan mogelijk de eigen emoties, die van anderen en van een groep te reguleren. Dit vermogen is een onmiskenbare troef in het zakenleven.

- Heb een duidelijke **visie**: kijk naar de toekomst, denk globaal en collectief, laat je inspireren en geef je visie door. Vertaal complexiteit in een duidelijke, positieve en ambitieuze missie, met mogelijke stappen en beschikbare middelen: maak het ingewikkelde eenvoudig en gemakkelijk, zodat mensen zich bij je zaak zullen aansluiten.

- **Motiveer** uw werknemers. Communiceer de uit te voeren taken, moedig initiatief aan en geef constructieve feedback, ongeacht het resultaat. Vier successen en maak plezier, zelfs tijdens vergaderingen: dit zal het gevoel van saamhorigheid en trots in de groep versterken.

- Wees een **voorbeeld** voor je omgeving: doe wat je zegt en kom je beloftes na; neem deel aan teamtaken en ga uitdagingen aan; blijf competent en blijf je talenten ontwikkelen. Je krijgt vertrouwen en geloofwaardigheid.

- Streef naar **prestaties**, om tijd en middelen vrij te maken die u kunt gebruiken om vooruitgang te blijven boeken.

- Wees niet bang voor **verandering**: anticipeer erop. Neem de tijd om na te denken, vraag advies aan uw omgeving en laat u overtuigen of het argument steek houdt. Test en innoveer tot je betere manieren vindt om je doelen te bereiken. Verander je procedures. Evolueer terwijl je trouw blijft aan jezelf.

- Neem **risico's**. Niemand bereikt grootse dingen zonder mislukkingen. Leiders staan bekend om hun vermogen om terug te komen; accepteer je fouten en leer ervan.

- Ontwikkel je **overtuigingskracht**. Weet te allen tijde hoe je je zaak moet bepleiten. Toon uw talent als spreker om uw ideeën en uw team aan te moedigen, te overtuigen, te trainen, te onderhandelen, te promoten en te verdedigen. Natuurlijk, pas je aan aan je publiek.

Leg je hart en enthousiasme in je woorden. Verbaas ze!

- Vergeet niet dat **communiceren** vooral gaat over luisteren naar de behoeften van de ander. Zorg ervoor dat u hun standpunt hebt begrepen door het anders te formuleren.

FAQ

WAT ZIJN DE 12 ESSENTIËLE KWALITEITEN VAN EEN LEIDER?

- Integriteit
- Enthousiasme
- Charisma
- Voorbeeldigheid
- Goed geheugen.
- Visie
- Communicatie
- Discernement
- Geest van de beslissing
- Vermogen om te delegeren
- Vermogen om de sfeer te ontspannen
- Vermogen om middelen te vinden en deze efficiënt/ effectief in te zetten

KAN EEN MANAGER EEN LEIDER WORDEN?

Er zijn managers die geen leiderschap tonen en die hun werk heel goed doen. Ze hebben niet per se leiderschap nodig. Zij kunnen de teams en activiteiten waarvoor zij verantwoordelijk zijn opmerkelijk goed beheren zonder met vernieuwende ideeën te komen, hun personeel te beïnvloeden of te inspireren, een taak die zij overlaten aan hun superieuren. Er zijn bedrijven die genoegen nemen met operationele managers die niet proberen leiderschap uit te oefenen.

Natuurlijk kan een manager zich ontwikkelen tot een leider door de tijd te nemen om de emotionele kant van het managen van een team te overwegen en door te oefenen in het vermogen om betrokkenheid en enthousiasme van zijn of haar personeel op te wekken. Leiderschap is iets waaraan gewerkt kan worden, en iedereen kan zijn leiderschapsvaardigheden ontwikkelen als hij dat wil.

KAN EEN LEIDER EEN MANAGER WORDEN?

Ja, maar pas op, er zijn leiders die incompetent zijn in management. Zij hebben niet noodzakelijk een gevoel van operationaliteit, van concreetheid, van werkorganisatie. Een leider kan dus uitblinken in zijn vermogen tot beïnvloeding en inspiratie, hij kan in staat zijn het bedrijf nieuwe perspectieven te bieden, zonder bevoegd te zijn het werk te structureren.

Manager zijn en leiding geven zijn dus complementaire vaardigheden, of ze nu door meerdere personen worden gedeeld of in één worden gecombineerd.

 ## WERKGEVERSHOEK

Leiderschap is essentieel in een organisatie. Leiders moeten over gezond verstand en vaardigheden beschikken en bijdragen tot de ontwikkeling van de organisatie.

Maar pas op voor oncontroleerbare leiders. Zeer charismatisch en overtuigend, kunnen zij een team soms naar gevaarlijke gebieden leiden. Teamleiders kunnen niet aan hun lot worden overgelaten.

HOE KAN IK VERTROUWEN OPBOUWEN IN MIJN TEAM?

Je kunt een team niet naar een doel leiden zonder hun vertrouwen te winnen. Hier zijn vijf dimensies van vertrouwen die u in overweging zou moeten nemen (Schindler en Thomas, 1993).

* Integriteit: consistentie tussen de woorden en daden van de leider.

* Competentie: vaardigheden, kennis en vermogen om te delegeren.

* Consistentie: consistentie in het handelen en oordelen van de leider.

* Loyaliteit: loyaliteit aan de missie en uitsluiting van opportunisme van de leider.

* Openheid: mogelijkheid voor iedereen om zich zonder dwang te uiten.

> *"BLUE ANTIDOTE is een start-up die het verkoopteam van farmaceutische bedrijven wil uitrusten met iPad-toepassingen. Met deze toepassingen kunnen de verkopers de waarde van de aangeboden gezondheidsproducten beter communiceren.*
>
> *Als initiatiefnemer van het project heb ik me omringd met deskundigen met gespecialiseerde en complementaire profielen om een*

prototype te creëren en te lanceren. Ik was fundamenteel geïnteresseerd in de vaardigheden van elke persoon, of het nu farmaceutische of software ontwikkeling betrof. Het team is opgebouwd rond een innovatief project.

In het begin waren onze ontmoetingen zeer intense uitwisselingen met veel uitleg. Iedereen moest zijn missie begrijpen. Mijn rol was om ieders oriëntatie te beheren. Voor het project was het cruciaal om vertrouwen op te bouwen binnen het team, met klanten en partners. We moesten bewijzen dat het werkt.

De start-up is gegroeid door feedback en voortdurende verbetering. Naarmate de start-up groeit, wordt elk teamlid zelfstandiger. We zullen nieuwe projecten kunnen ontwikkelen."

Augustin Terlinden – oprichter – Blue Antidote

HOE KAN IK MIJN ROL ALS LEIDER HERSTELLEN ALS ER IN MIJN TEAM MACHTSSPELLETJES ZIJN ONTSTAAN?

Als manager van een team met sterke persoonlijkheden kun je het gevoel hebben dat je in de problemen zit. Ga na wat je nodig hebt om je te herpositioneren: opleiding, coaching, hiërarchische ondersteuning? Het ligt voor de hand dat u een identiteitsproces doormaakt om uw leiderschap te versterken.

Aarzel niet om met uw manager te praten om op zijn minst een gelijkwaardige relatie te herstellen. Het is aan de leider om zijn of haar managementteam te helpen in een leiderschapsconflict. Er mag geen twijfel over bestaan dat het management zijn teamleiders steunt. Dit is fundamenteel. De werknemer, ook al is hij of zij vastbesloten zijn of haar leiderschap te gebruiken, moet begrijpen dat de manager nog steeds de leider is.

Help hem in zijn werk, maar wijs zijn invloedspel af. U kunt hem ook uitnodigen om te solliciteren naar een verantwoordelijke functie. Assertiviteit zal helpen. Knip de groeiende vleugels van een werknemer niet af. Help hen een constructieve, zelfs ondernemende geest te ontwikkelen. Breng de ideeën naar boven in workshops over collectieve intelligentie: "gedeeld leiderschap kan lonen" (Gibeault, 2012)

IS HET UITOEFENEN VAN LEIDERSCHAP MANIPULATIEF?

Leiderschap is geen manipulatie. Een manipulator wil zijn of haar eigen doel bereiken door invloed uit te oefenen, zonder de vrijheid van denken van anderen te respecteren. Leiderschap is het vermogen om anderen zodanig te beïnvloeden dat zij accepteren zich in te zetten voor een zaak, een doel, omdat zij dat doel onderschrijven.

Mensen geven de leider legitieme erkenning. Door zich te laten gelden, aarzelt de leider niet om zijn wensen met overtuiging, maar zonder agressie kenbaar te maken. De leider luistert, accepteert dat er meningen zijn die afwijken van de zijne. Zij proberen conflicten te beheersen en kunnen hun onderhandelingskracht gebruiken om een win-win relatie te vinden.

WAT MOET EEN LEIDER DOEN IN EEN ORGANISATIE WAAR LEIDERSCHAP NIET WORDT GEWAARDEERD?

Begin met een stap terug te doen en uzelf de juiste vragen te stellen: accepteert u uw missie en de waarden van uw bedrijf? Doe je mee met een zuiver geweten? Past uw leiderschapsstijl bij wat de organisatie van u verwacht? Is er wederzijds vertrouwen? Heb je geen ervaring?

Werk zoveel mogelijk aan de ontwikkeling van uw professionele en persoonlijke vaardigheden, en als er geen deuren voor u openstaan, als u geen voldoening vindt in uw werk, is het misschien beter om een bedrijf te zoeken dat beter bij uw persoonlijkheid past. En waarom niet je eigen baan creëren?

HET IS AAN JOU!

Hier volgt een methode en advies in zes stappen om je carrière in het bedrijfsleven te ontwikkelen en van manager naar leider te gaan (Ram Charan en Stephen Drotter, 2010).

1. Men kan geen manager worden zonder eerst te weten hoe men zichzelf moet managen. Dit begint met een stap achteruit te doen om jezelf te onderzoeken en je persoonlijke en professionele vaardigheden te verbeteren. Ontdek jezelf door projecten te managen, maar blijf niet alleen in de operationele arena. Vraag jezelf vaak af: "Waarom doe ik dit?", "Doe ik het goed?" en "Hoe kan ik het beter doen?".

 **TE DOEN**

Leer hoe u van een effectieve medewerker een manager kunt worden. U leert hoe u verantwoordelijkheden kunt toewijzen aan elk lid van uw projectteam.

2. De tweede stap is het managen van anderen door hen doelen en middelen te geven. Leer uw team te evalueren, feedback te geven en hen aan te moedigen het beter te doen.

TE DOEN

De moeilijkheden en middelen inschatten. Machtsspelletjes beheren (groepen en coalities beïnvloeden).

3. U maakt een grote stap voorwaarts als u managers
leert managen. Je verlaat de operationele kant en
komt in een functionele rol. Je leert doelen te stellen
die ver van het veld afstaan en een relatie tussen
teamleiders te beheren. Uw leiderschap zal op de
proef worden gesteld.

TE DOEN

Versterk uw sociale relaties, richt u meer op financieel
beheer en rapportage.

4. Word een goede functionele manager door verantwoordelijkheid te nemen voor een afdeling.
Consolideer uw vaardigheden op het gebied van men-
sen- en budgetbeheer door uit te blinken in het
beheer van gegevensstrategieën.

TE DOEN

Begrijp uw omgeving van A tot Z. Stel een visie vast.
Breng uw team naar een hoger niveau door de talenten van uw mensen te ontwikkelen. Zoek aanvullende
middelen en efficiënte procedures. Maak van uw team

een sterk, proactief team dat klaar staat om u te volgen. Het gaat om het wederzijdse vertrouwen dat je samen hebt opgebouwd.

5. Ten tweede ben je de manager van een divisie. U laat zien dat u meerdere organisaties tegelijk kunt leiden. Je wordt een nog belangrijkere strategische speler.

TE DOEN

Blijf trouw aan jezelf, je visie en je waarden. Neem een stap terug om uw sociale relaties, zowel professioneel als persoonlijk, te koesteren, stress te beheersen en uw visie te koesteren. Let op de grote vraagstukken en ethische kwesties.

6. Eindelijk, de manager. Op basis van vertrouwen geeft uw leiderschap uw managementteam de leiding om uw organisatie te laten functioneren. Het is aan u om de belangrijkste aanwijzingen te geven, geleid door uw visie en uw waarden die uw team kent.

TE DOEN

Houd uw communicatie duidelijk en trouw aan uw principes, blijf optimistisch en houd tijd en energie over om uw mensen aan te moedigen veranderingen door te voeren. Houd uw omgeving in de gaten en wees, indien nodig, klaar om de zaken op te schudden door een ondersteunend netwerk te hebben opgebouwd dat klaar staat om zich voor uw visie te mobiliseren.

Een carrière wordt opgebouwd met ervaring. Leiderschap verwerven kan alleen door je comfortzone te verlaten en nieuwe uitdagingen met steeds meer verantwoordelijkheid uit te proberen.

OM VERDER TE GAAN

BIBLIOGRAFISCHE BRONNEN

BAR-ON (Reuven), "The Bar-On model of emotional-social intelligence (ESI)", in *Psicothema*, 18, supl., 2006, p. 13-25.

BLAKE (Robert.) en MOUTON (Jane), *De derde dimensie van management*, Parijs, Éditions d'Organisation, 1987.

CHARAN (Ram), DROTTER (Stephen) en NOEL (James), *The Leadership Pipeline: How to Build the Leadership Powered Company*, San Francisco, Jossey-Bass, 2011.

GETZ (Isaac) en CARNEY (Brian M.), *Freedom & Co: When Employee Freedom Makes Companies Happy*, Parijs, Fayard. 2012.

GIBEAULT (Diane), "Open Forum – Encouraging Shared Leadership and Accountability", in *Open Forum White Paper*, Parijs, Christine Koehler, 2012, blz. 13-17.

http://www.forum-ouvert.fr

HERSEY (Paul) en BLANCHARD (Kenneth H.), *Management of Organizational Behavior: Utilizing Human Resources*, Englewood Cliffs, NJ, Prentice Hall, 1977.

KOTTER (John P.), "Wat is leiderschap?", in *Harvard Business Review. Le leadership*, Parijs, Éditions d'Organisation, 1999, blz. 40-61.

KOUZES (James M.) en POSNER (Barry), *The leadership Challenge: How to make extraordinary things happen in Organizations*, 5e editie, San Francisco, Jossey-Bass, 2012.

Human Resources Department, *Management and Leadership Principles at Nestlé*, Vevey, Zwitserland, Nestlé, 2009. http://www.nestle.ch/asset-library/documents/jobs/managementleadershp_fr.pdf

Schindler (Paul L.) en Thomas (Cher C.), "The structure of interpersonal trust in the workplace", in *Psychological Reports*, 73(2), 1993, blz. 563-573.

Vries (Manfred F.R. Kets de), "Archetypen van leiderschap en het managementteam", in *Gestion*, Vol. 33, pp. 48-60, 2008.

Zaleznik (Abraham), "Managers en leiders, hoe zijn ze verschillend", in *Harvard Business Review. Le leadership*, Parijs, Éditions d'Organisation, 1999, p. 62-87.

AANVULLENDE BRONNEN

Cherret de la Boissiere (Anne), *Leadership au masculin et au féminin. Le management aux valeurs mixtes: l'avenir de l'entreprise*, Parijs, Dunod, 2009.

Deering (Anne) en Robert (Dilts), *Alpha Leiderschap. De 3 A's: Anticiperen, Afstemmen, Handelen*, Louvain-la-Neuve/Parijs, De Boeck, 2009.

Duluc (Alain), *Leiderschap en vertrouwen. Jouer collectif, parler vrai, être humain*, editie 3^e , Parijs, Dunod, 2013.

Kotsou (Ilios), *Emotionele intelligentie en management: de kracht van emoties begrijpen en gebruiken*, Louvain-la-Neuve/Parijs, De Boeck, 2012.

Maxwell (John-C.), *Leiderschap, 101 basisprincipes. Wat elke leider zou moeten weten*, Quebec, A Different World, 2004.

Robert (Dilts), *Visionair Leiderschap. Tools en vaardigheden voor succesvolle verandering door NLP*, Louvain-la-Neuve/ Parijs, De Boeck, 2009.

Testa (Jean-Pierre), Lafargue (Jérôme) en Tilhet-Coartet (Virginie), *La Boîte à outils du Leadership*, Parijs, Dunod, 2013.

We horen graag van u! Laat
een reactie achter op jouw online bibliotheek
en deel je favoriete boeken op social media!

IMPROVE YOUR
GENERAL KNOWLEDGE
IN THE BLINK OF AN EYE !

www.50minutes.com

Master ISBN: 9782808604758
Papier ISBN: 9782808605960
Wettelijk depot: D/2023/12603/23

Digitaal ontwerp: Primento,
de digitale partner van uitgevers.